équipe nouvelle 2

En plus
Cahier d'activités

Danièle Bourdais

Sue Finnie

Nom: ....

Classe: ....

Professeur: ....

OXFORD

OXFORD
UNIVERSITY PRESS

Great Clarendon Street, Oxford OX2 6DP

Oxford University Press is a department of the University of Oxford.
It furthers the University's objective of excellence in research,
scholarship, and education by publishing worldwide in

Oxford   New York

Auckland   Cape Town   Dar es Salaam   Hong Kong   Karachi
Kuala Lumpur   Madrid   Melbourne   Mexico City   Nairobi
New Delhi   Shanghai   Taipei   Toronto

With offices in

Argentina   Austria   Brazil   Chile   Czech Republic   France   Greece
Guatemala   Hungary   Italy   Japan   Poland   Portugal   Singapore
South Korea   Switzerland   Thailand   Turkey   Ukraine   Vietnam

Oxford is a registered trade mark of Oxford University Press
in the UK and in certain other countries

British Library Cataloguing in Publication Data

Data available

ISBN: 978-0-19-912456-5

23

Printed in Great Britain by Ashford Colour Press Ltd

Acknowledgements

The authors would like to thank the following people for their help and advice:
Rachel Sauvain (project manager), Michael Spencer (editor of the *En plus*
Workbook) and Marie-Thérèse Bougard (language consultant).

Illustrations by Martin Aston, Matt Buckley, Stefan Chabluk, Matt Fenn,
Angela Lumley, David Mostyn, Bill Piggins.

Contents

1 Complète les phrases avec les mots des boîtes.
Fill in the gaps with the words listed in the boxes.

a    b    c    d

a

Je me présente. Je m'appelle Blanche. Je suis danoise. Je suis *petite et assez mince* .

Je suis _____ . J'ai les cheveux _____ .

Je suis _____ .

| gentille   brune   longs et frisés   petite et✓assez mince |

b

Je me présente. Je m'appelle Hercule. Je suis grec. Je suis _____ .

Je suis _____ . J'ai les cheveux _____ .

Je suis _____ .

| blond   grand et mince   courts et frisés   courageux |

c

Je me présente. Je m'appelle Millie. Je suis américaine. Je suis _____ .

Je suis _____ . J'ai les cheveux _____ .

Je suis _____ .

| grande et très mince   très longs et raides   sympa   blonde |

d

Je me présente. Je m'appelle Obélix. Je suis gaulois. Je suis _____ .

Je suis _____ . J'ai les cheveux _____ .

Je suis _____ .

| longs et raides   roux   grand et gros   marrant |

2 Et toi? Écris ta description, comme ci-dessus, à la page 13.
Write your own description as above, on page 13.

1a **Complète les bulles avec les bons vêtements. Plusieurs choix sont possibles, mais fais attention aux accords des adjectifs.**
Fill in the names of the clothes. Several choices are possible but make sure the adjective endings match the words chosen.

a

Ma tenue préférée, c'est

un *pantalon* bleu,

un _____ jaune,

un _____ gris et

des _____ jaunes.

c

Ma tenue préférée,

c'est un _____ marron,

un _____ rouge et

des _____ blanches.

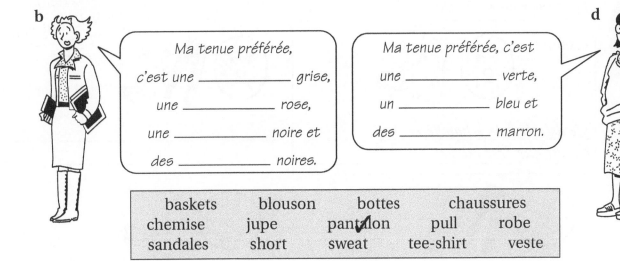

b

Ma tenue préférée,

c'est une _____ grise,

une _____ rose,

une _____ noire et

des _____ noires.

d

Ma tenue préférée, c'est

une _____ verte,

un _____ bleu et

des _____ marron.

baskets	blouson	bottes	chaussures
chemise	jupe	pantalon ✓	pull	robe
sandales	short	sweat	tee-shirt	veste

1b **Colorie les vêtements.**
Colour in the clothes.

2a **Et toi? C'est quoi, ta tenue préférée? Dessine et écris à la page 13.**
What is your favourite outfit? Draw and describe it on page 13.

2b **Lis ta description à un(e) partenaire. Il/Elle dessine.**
Comparez les dessins et changez de rôle.
Read your description to your partner, who draws the outfit.
Then compare drawings and swap roles.

1 **Écris la bonne expression de la boîte pour chaque symbole.**
Write in the correct phrase from the box for each symbol.

a _____

c _____

b _____

d _____

| J'aime bien … Je n'aime pas beaucoup … Je déteste … J'adore … |

2 **Invente des phrases: opinion + look + raison.**
Write sentences to go with these pictures:
opinion + look + reason.

le look sport?
le look habillé?
le look décontracté?

Exemple

Je déteste le look habillé
parce que c'est moche.

c

_____

_____

a

_____

_____

d

_____

_____

b

_____

_____

e

_____

_____

1a **Lis le dialogue et barre les adjectifs qui ne vont pas.**
Read the dialogue and cross out the adjectives which are wrong.

Sorcière 1:	Je vais à la boum ce soir, alors je mets un pantalon **blanc** / **blanche**, un tee-shirt rose et des bottes **rouges** / **rouge** …
Sorcière 2:	Quoi??????
Sorcière 1:	… ou une robe **bleue** / **bleu** et une veste **blancs** / **blanche**?
Sorcière 2:	Non, tu mets ta robe **noir** / **noire**, ton chapeau **noir** / **noirs** et tes bottes **noires** / **noir**!

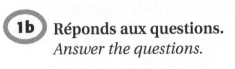

1b **Réponds aux questions.**
Answer the questions.

a   Les sorcières vont où?

_____

b   La première sorcière met un pantalon de quelle couleur?

_____

c   Elle met quoi aux pieds?

_____

d   De quelle couleur est sa robe?

_____

e   Quel vêtement met-elle avec la robe?

_____

f   Quelle tenue préfère la deuxième sorcière?

_____

1c **Lis le dialogue avec un(e) partenaire.**
Read the dialogue aloud with a partner.

2 **Complète les phrases.**
Complete the sentences.

a   Quand je vais à une boum, je mets _____

b   Quand je vais au centre sportif, je mets _____

c   Ma tenue préférée, c'est _____

parce que _____

Flashback

The present tense of regular -er verbs, like
détester (to hate):

je	déteste
tu	détestes
il/elle/on	déteste
nous	détestons
vous	détestez
ils/elles	détestent

Remember the ending for each person.

Flashback

Some verbs are irregular in French. Learn
them by heart.

avoir (to have)		**mettre** (to wear)
je/j'	**ai**	mets
tu	**as**	mets
il/elle/on	**a**	met
nous	**avons**	mettons
vous	**avez**	mettez
ils/elles	**ont**	mettent

1 Complète les phrases. (Certaines phrases ont plusieurs réponses possibles.)
Write **je**, **tu**, **il**, **elle**, *etc. (Some sentences have more than one possible answer.)*

a ___*Je*___ n'aime pas beaucoup mon pantalon.

b _____ aimons bien le look sport.

c _____ aiment les tee-shirts?

d _____ cherchez le mot dans le dictionnaire.

e _____ cherches un blouson noir?

f _____ adore les vêtements habillés.

2 Écris la terminaison des verbes.
Write in the verb endings.

a Tu aim*es*___ les jeans?

b Je préfèr_____ les robes.

c Nous ador_____ le look habillé.

d Mon père, il n'aim_____ pas beaucoup mon look!

e Mes parents détest_____ le look sport.

f Et vous, qu'est-ce que vous aim_____ comme look?

3a Complète avec la bonne forme d'*avoir*.
Fill in the correct forms of **avoir**.

a Je n'__*ai*___ pas de blouson.

b Mon frère _____ un super blouson noir.

c Nous n'_____ pas de chaussettes noires.

d Ils _____ des tee-shirts jaunes.

e Tu _____ un sweat bleu?

3b Complète avec la bonne forme de *mettre*.
Fill in the correct forms of **mettre**.

a Nous ne ___*mettons*___ pas de chemise.

b Moi, je ne _____ pas de jean.

c Elles ne _____ pas de jolies robes.

d Vous _____ un uniforme à l'école?

e Elle ne _____ jamais de jupe.

4 Écris encore quatre phrases sur les vêtements à la page 13. Utilise les verbes *avoir* et *mettre*.
Write four more sentences about clothes on page 13 using **avoir** *and* **mettre**.

1a Complète les phrases avec les mots de la boîte.
Complete the sentences by writing a word from the box in each gap.

a J'aime bien mon _____*short*_____ vert
et _____ tee-shirt jaune.

b Tu _____ ma jupe blanche
et _____ veste bleue?

c Quand je vais au collège, je mets
mon pantalon _____,
mes chaussures _____ et mes chaussettes grises.

d Tu n'aimes pas mon chapeau _____ et orange?

e Non, _____ tu vas en ville, mets _____ vêtements noirs.

rose	noires	tes	noir	ma	short ✓	mon	aimes	quand

1b Adapte les phrases b–e avec les mots entre parenthèses.
Adapt sentences b–e above using the words in brackets below.

a (robe, veste)   Exemple *J'aime bien ma robe verte et ma veste jaune.* _____

b (jean, bottes) _____

c (chemise, jupe, pull) _____

_____

d (sandales) _____

e (chapeau) _____

2 Entoure les erreurs, puis écris une version correcte à la page 13.
*Circle the mistakes in the witch's diary (there are 6 as well as the one already circled)
and then write out a correct version on page 13.*

ma

C'est mon anniversaire! Je mets ~~mes~~ robe noire, mon chapeau blanches et

mes bottes jaune. J'aiment beaucoup le look habillé parce que c'est élégant.

Ma sœur met une pantalon gris et une veste vert. Nous sont contentes!

Les styles à la mode cet hiver

Quand il fait chaud en été, vous mettez un short, un tee-shirt et des sandales. Vous évitez le lycra et le polyester et vous préférez le coton parce que c'est plus confortable. C'est simple et logique. Mais que mettez-vous cet hiver?

Émilie, 15 ans, Paris: « Cet hiver, à Paris, les jeunes aiment bien les gros pulls en laine quand il fait froid. Nous mettons des pantalons larges ou à pattes d'éléphant. Nous choisissons des bottes parce qu'elles sont pratiques et chaudes, mais les chaussures à talons reviennent à la mode pour les filles quand elles sortent le soir.

Les jeunes ont souvent un bonnet et des gants en laine. J'aime beaucoup ce look – c'est un peu le look skate – parce que c'est pratique et confortable. »

Alex, 16 ans, Lyon: « Tous mes copains aiment le look gothique. Ils choisissent surtout des vêtements noirs parce que c'est la couleur qu'ils aiment. Ils mettent un tee-shirt noir à manches longues, un pantalon noir ou un jean déchiré et des baskets. Nous mettons aussi des chaînes et des bijoux en argent. Quand il fait froid, je mets un blouson en cuir noir.

Nous aimons ce look parce que c'est décontracté. Nous détestons le look habillé et le look sportif parce qu'ils sont nuls. »

1 **Lis l'article et souligne tous les <u>verbes au présent au pluriel</u>.**
Read the article and underline all the <u>plural present tense verbs</u>. List them on page 13 and give their infinitive.
Exemple évitez – éviter

2 **Trouve comment on dit en français …**
In the article find the French for …
a wide or bell-bottom trousers
_____
b high-heeled shoes
_____
c a woolly hat and gloves
_____
d with long sleeves
_____
e chains and silver jewellery
_____

3 **Réponds aux questions.**
Answer the questions in French.
a Les jeunes mettent quels vêtements en été?
_____
b Pourquoi ils préfèrent le coton?
_____
c Quels sont les avantages des bottes?
_____
d Les vêtements noirs, c'est quel look?
_____
e Que pense Alex du look sportif?
_____

4 **À la page 13, résume l'article en anglais (100 mots).**
On page 13, summarise the article in English in 100 words.

Tu es de quelle nationalité?

What nationality are you?

Je suis/Il est français. — I'm/He's French.
Je suis/Elle est française. — I'm/She's French.
anglais/anglaise — English
écossais/écossaise — Scottish
gallois/galloise — Welsh
irlandais/irlandaise — Irish

Les vêtements

Clothes

J'ai/Tu as … — I've got/You've got …
Il a/Elle a … — He's got/She's got …
Nous avons/Ils ont … — We've got/They've got …
un blouson — a (bomber) jacket
un jean — (a pair of) jeans
un pantalon — (a pair of) trousers
un pull — a pullover
un short — (a pair of) shorts
un sweat — a sweatshirt
un tee-shirt — a T-shirt
une casquette — a cap
une chemise — a shirt
une cravate — a tie
une jupe — a skirt
une robe — a dress
une veste — a jacket
des baskets — trainers
des bottes — boots
des chaussures — shoes
des chaussettes — socks
des sandales — sandals

Les couleurs

Colours

blanc/blanche — white
noir/noire — black
gris/grise — grey
bleu/bleue — blue
vert/verte — green
violet/violette — purple
rouge — red
jaune — yellow
orange — orange
rose — pink
beige — beige
marron — brown

C'est quoi, ta tenue préférée?

What's your favourite outfit?

Ma tenue préférée, c'est un sweat blanc, un jean noir et des baskets. — My favourite outfit is a white sweatshirt, black jeans and trainers.
Qu'est-ce que tu aimes comme look? — What look do you like?
J'adore le look décontracté. — I love the casual look.
J'aime bien le look sport. — I like the sporty look.
Je n'aime pas beaucoup le look habillé. — I don't like the formal look much.
Je déteste le look sport. — I hate the sporty look.
parce que c'est … — because it's …
pratique — practical
sympa — nice
moche — ugly
chic — smart

Qu'est-ce que tu portes quand …?

What do you wear when …?

Quand je vais au collège, je mets mon pantalon et ma chemise. — When I go to school, I wear my trousers and my shirt.
Quand il va en ville, il met son jean et son tee-shirt. — When he goes to town, he wears his jeans and his T-shirt.
Quand elle va à une boum, elle met sa robe blanche. — When she goes to a party, she wears her white dress.
Quand il fait beau, je mets mes sandales. — When the weather's nice, I wear my sandals.
Quand il fait froid, elle met ses bottes. — When it's cold, she wears her boots.

This is a checklist of the things you should aim to learn in French using *Équipe nouvelle 2* Unit 1.
- Use the **Check** boxes and the **Prove it!** column to keep track of what you have learned.
- Tick the first box when you feel you are getting to grips with the learning objective but sometimes need a prompt or time to think. Tick the second box when you think you have fully mastered the learning objective and will be able to use it again in future.
- Make notes following the prompts in the **Prove it!** column to help you show what you have learned. You can get your learning partner or a parent to test you and initial the second box to confirm the progress you have made.

Learning objectives   Check   Prove it!

I can introduce and describe myself. — ☐ ☐ — *Describe yourself (name, age, looks, personality).*

I can introduce and describe someone else. — ☐ ☐ — *Describe a family member or friend (name, age, looks, personality).*

I can say what nationality I am/someone else is. — ☐ ☐ — *Get your partner to test you.*

I can say what I'm/someone else is wearing. — ☐ ☐ — *Get your partner to test you.*

I can ask someone what their favourite outfit is. — ☐ ☐ — *Get your partner to test you.*

I can say what my favourite outfit is. — ☐ ☐ — *Get your partner to test you.*

I can describe clothes and colours. — ☐ ☐ — *Describe the clothes you are wearing.*

I can ask someone what look they prefer and say what type of clothes I prefer. — ☐ ☐ — *Get your partner to test you.*

I can say why I like or don't like clothes/fashions, using *parce que*. — ☐ ☐ — *Get your partner to test you.*

I can say what I wear for different occasions. — ☐ ☐ — *Say what you wear for school/a special occasion/ to go shopping.*

I can say what I wear in different weather. — ☐ ☐ — *Say what you wear when it is hot/cold.*

I can say and write all parts of the present tense of *être*, *avoir* and *mettre*. — ☐ ☐ — *Write them down and say them aloud to your partner.*

I can understand the importance of gender, adjectival agreement and position of adjectives. — ☐ ☐ — *Write a sentence using these words in the correct form:* J'ai un short (bleu/joli) + une chemise (grand/blanc).

I can say and write all parts of the present tense of regular *-er* verbs. — ☐ ☐ — *Write down all the parts of* regarder *and say them aloud to your partner.*

I can ask questions in a variety of ways. — ☐ ☐ — *Ask your partner three questions, using (1) intonation, then (2)* est-ce que *and finally (3) a question word.*

I can use connectives in longer sentences. — ☐ ☐ — *Use connectives to make one long sentence from:* Anne aime le look sport – il fait chaud – pratique / n'aime pas le look habillé – pas confortable.

I can use *aller* + preposition + place to say where I'm going. — ☐ ☐ — *Tell your partner three places you are going.*

I can use some sound–spelling links to work out how to pronounce new words. — ☐ ☐ — *Read these words aloud:* un chapeau, un manteau, une montre.

I can pronounce the sounds *un/une* accurately. — ☐ ☐ — *Read aloud to your partner:* J'ai un pull, une chemise, un pantalon et une veste.

1 C'est quelle partie du corps? Écris les noms.
Which part of the body is it? Write in the words that correspond to the numbers.

1 _____
2 _____
3 _____
4 _____
5 _____
6 _____
7 _____
8 _____
9 _____
10 _____
11 _____
12 _____
13 _____
14 _____

2a Dessine un monstre à la page 23. Écris le nom des parties du corps.
Draw a monster on page 23 and label the parts of the body.

2b Décris ton monstre à ton/ta partenaire. Il/Elle dessine. Comparez!
Describe your monster to your partner, who draws it according to your description. Compare your pictures!
Exemple Il a deux têtes, trois bras …

1 **Écris la bonne phrase de la liste sous les dessins.**
Write the correct sentence from the list under each picture.

a

J'ai soif!

d

b
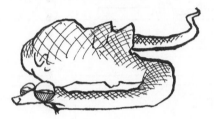

e

c

f

J'ai mal au ventre.	J'ai mal aux pieds.	J'ai froid.
J'ai soif. ✓	J'ai mal à la tête.	J'ai envie de dormir.

2 **Écris une phrase pour chaque dessin.**
Write a sentence for each picture.

1a Écris les conseils sur les dessins. Ils ne sont pas tous bons!
Write the advice shown on the pictures. It's not all good advice!

1b Tu es d'accord (✔) ou pas d'accord (✗)?
Tick or cross the pictures according to whether you agree or not.

Fume!

2a Regarde les dessins. Écris d'autres conseils à la page 23.
Look at the pictures. Write more advice for keeping fit on page 23.
Exemple Mange des … Ne mange pas trop de …

2b Ton/Ta partenaire lit tes conseils et dit *d'accord* ou *pas d'accord*.
Your partner reads your advice and says **d'accord** *or* **pas d'accord** *according to whether he/she agrees or not.*

1 **Lis le journal de Juliette. Complète avec les verbes au passé composé à droite.**
Read Juliette's diary. Complete it with the verbs from the box in the perfect tense.

SAMEDI

Ce week-end, j' *ai fait* très attention à ma santé.

Samedi matin, j'_____ un bon petit déjeuner. J'_____ des fruits et du pain. J'_____ un jus d'orange et un bol de lait. C'était bon. Après, je _____ au collège à pied, pas en bus.

Samedi midi, je _____ à McDonald's avec les copains. L'après-midi, je _____ la TV. J'_____ de l'exercice: j'_____ une heure sur la plage! C'était super!

suis allée
ai bu
ai mangé
ai marché
n'ai pas mangé
ai fait ✓
ai fait
ai pris
n'ai pas regardé

2 **Lis les notes de Juliette et complète son journal pour le dimanche.**
Use Juliette's notes to complete her diary for Sunday.

matin:	bon petit déjeuner – céréales, jus de pomme; devoirs
après-midi:	piscine avec Natacha – 2 heures de natation; après – une pomme
soir:	film à la TV; pas au lit tard

DIMANCHE

Dimanche matin, j'ai pris un bon petit déjeuner. J'ai _____
_____

Dimanche après-midi, _____
_____

Dimanche soir, _____
_____

> ## **Flashback**
>
> à + la = **à la**
> à + l' = **à l'**
> à + le = **au**
> à + les = **aux**

1 **Barre la mauvaise forme de** *à.*
Cross out the incorrect form of **à.**

a J'ai mal ~~au~~ / **à la** tête!

b Je n'ai pas mal **au** / **à la** ventre.

c Oh là là! J'ai très mal **au** / **aux** oreilles.

d J'ai surtout mal **à l'** / **à la** oreille droite.

e Et puis, j'ai mal **aux** / **à l'** yeux.

f Et en plus, j'ai mal **au** / **aux** nez. Atchoum!

g Oh là là! J'ai mal **à la** / **au** gorge.

h Mais je n'ai pas mal **à la** / **aux** dents.

2 **Complète avec la bonne forme de la préposition** *à.*
Fill in the correct form of the preposition **à.**

a Je vais __*au*__ collège le mercredi matin.

b Tu aimes aller _____ piscine?

c On va _____ cinéma?

d Tu mets quoi pour aller _____ boum?

e Je mets un jean _____ école.

f Il ne dit pas bonjour _____ profs!

g Matthieu est _____ hôpital?

h Oui, il est _____ urgences.

i Tu manges ici _____ midi?

j Je vais manger _____ restaurant.

3 **Traduis ces phrases en français.**
Translate these sentences into French.

a I have breakfast at 8 o'clock.

_____

b Is she going to school?

_____

c He likes talking to the children.

_____

d My leg is hurting.

_____

1 Complète les verbes dans les phrases du prof. Utilise le contexte pour t'aider! *Complete the verbs in the teacher's sentences. Use the clues!*

a Écri____ ton nom.

b Fai____ attention, Sophie!

c Lèv____ les pieds quand tu marches!

d Luc et Sophie, fai____ l'exercice 2.

e Mang____ des fruits, les enfants!

f Luc et Sophie, lev____ la main!

g Pli____ ta feuille, Luc!

h N'écr____ pas sur les livres, Luc et Sophie!

i Ne pli____ pas les feuilles, les enfants!

j Ne mang____ pas ton chewing-gum ici.

2 Écris les verbes à la bonne personne de l'impératif dans les bulles du prof. *Fill in the verbs in the correct form of imperative in the teacher's sentences.*

a Luc, _____écoute_____-moi!
[tu/écouter]

b Ne _____ pas les cahiers!
[vous/plier]

c _____ les pieds quand vous marchez!
[vous/lever]

d Ne _____ pas de bonbons en classe.
[tu/manger]

e Julie, _____ attention!
[tu/faire]

f _____ votre nom sur la feuille.
[vous/écrire]

3 Complète les réponses du fermier avec des pluriels. Vérifie dans le dictionnaire. *Complete the farmer's replies with words in the plural. Check in the dictionary.*

a – Vous avez une petite ferme?
– Non, j'ai deux _____.

b – Vous avez un beau cheval?
– Non, j'ai six _____!

c – Vous aimez le chou vert?
– Non, mais je plante des _____!

d – Votre vache a eu un joli veau?
– Non, elle a eu deux _____!

e – Votre vache a gagné un grand prix?
– Non, elle a gagné trois _____!

f – C'était dans le journal local?
– Non, c'était dans tous les _____!

4 À la page 23, adapte la description dans la bulle pour ces personnes:
a ta sœur;
b tes deux grands frères;
c tes deux petites sœurs.
Adapt the description in the speech bubble on page 23.
Exemple J'ai une sœur. Elle est très sympa et très marrante, mais …

> J'ai un frère. Il est très sympa et très marrant, mais il est aussi patient, sérieux et travailleur. Il est grand et beau. Il n'est pas gros. Il est roux.

Voyages dans l'histoire!

A Chez les Romains — Chez les Aztèques **B**

*Je suis allée dans une grande maison où habite une famille de Romains riches. Là, j'ai mangé trois repas par jour: le matin, j'ai pris le **jentaculum** (petit déjeuner) avec du pain, du fromage et du lait. Les enfants romains mangent aussi des fruits et du miel et ils prennent des biscuits et des olives pour aller à l'école.*

*Le midi, j'ai fait un pique-nique rapide à l'école, le **prandium**: j'ai mangé de la viande froide et des fruits. J'ai bu de l'eau. En général, les Romains mangent le **prandium** debout. Ils boivent souvent un peu de vin, avec de l'eau dedans.*

*Après l'école, vers 15 heures, j'ai pris le repas principal avec la famille, la **cena**: Là, j'ai mangé de la viande et des légumes. Je n'ai pas bu de vin: les filles romaines ne boivent pas de vin – c'est interdit! Le soir, les familles pauvres prennent seulement un peu de céréales, mais les riches préfèrent la viande et les gâteaux!*

Moi, je suis allé dans une famille pauvre. Le matin, je n'ai pas beaucoup mangé, juste une galette de céréales. Après, les enfants travaillent dans les champs, alors, moi aussi, je suis allé dans les champs!

À midi, j'ai fait une petite sieste. Après, j'ai mangé des haricots avec une sauce aux tomates et j'ai bu de l'eau. Puis, j'ai encore travaillé.

Le soir, je n'ai pas beaucoup mangé: juste une soupe de céréales. Je n'ai pas aimé! Les familles riches, elles, mangent de la viande et du poisson et boivent du cacao. Je n'ai pas bu de cacao parce que ce n'est pas pour les pauvres!

1 **Lis les deux textes. Quel texte est écrit par Annie? Et par Thomas? Pourquoi?** *Read both texts. Which one has been written by Annie and which by Thomas. How can you tell?*

Texte A: _____

_____

Texte B: _____

_____

2 **Relis. Souligne en rouge les verbes au présent. Souligne en bleu les verbes au passé composé.** *Re-read the texts. Underline the present tense verbs in red and the perfect tense verbs in blue.*

3 **Réponds aux questions sur Annie à la page 23.** *Answer the questions about Annie on page 23.*

Exemple 1 Annie est allée chez des Romains riches.
1 Annie est allée où?
2 Qu'est-ce qu'elle a mangé et bu le matin?
3 Elle a mangé où le midi?
4 À quelle heure elle a mangé le dîner?

4 **Résume le texte de Thomas en 60 mots à la page 23. Utilise 'il'.** *Sum up Thomas' text in 60 words on page 23, using the third person.*

Exemple Thomas est allé dans une famille aztèque pauvre. Le matin, il a mangé une galette…

Le corps	**The body**
le bras	arm
le cou	neck
le doigt	finger
le(s) doigt(s) de pied	toe(s)
le dos	back
le genou	knee
le nez	nose
le pied	foot
le ventre	stomach
le visage	face
l'œil (les yeux)	eye(s)
la bouche	mouth
la gorge	throat
la jambe	leg
la main	hand
la tête	head
une épaule	shoulder
une oreille	ear
la dent	tooth
le pouce	thumb
aïe/ouille!	ouch!
mon/ma/mes	my

Qu'est-ce qui ne va pas?	**What's wrong?**
J'ai mal à l'/à la/au/ aux …	My … is/are hurting.
J'ai chaud.	I'm hot.
J'ai froid.	I'm cold.
J'ai faim.	I'm hungry.
J'ai soif.	I'm thirsty.
J'ai envie de dormir.	I feel sleepy.
J'ai envie de vomir.	I feel sick.
J'ai de la fièvre.	I've got a temperature.
J'ai un rhume.	I've got a cold.
J'ai le rhume des foins.	I've got hay fever.
J'ai la grippe.	I've got flu.
Je tousse.	I've got a cough.
la pharmacie	chemist
l'hôpital	hospital
les urgences	casualty/A&E
le médecin	doctor

C'est bon/mauvais pour la santé	**It's good/bad for your health**
boire de l'eau	to drink water
manger des fruits	to eat fruit
manger des bonbons	to eat sweets
aller au collège à pied	to walk to school
aller au lit tard	to go to bed late
faire du sport	to do sport
fumer	to smoke
Je suis d'accord.	I agree.
Je ne suis pas d'accord.	I don't agree.

Qu'est-ce que tu as fait?	**What did you do?**
j'ai pris	I had
j'ai mangé	I ate
je n'ai pas mangé	I didn't eat
j'ai bu	I drank
je n'ai pas bu	I didn't drink
j'ai fait	I did
je suis allé(e)	I went
je ne suis pas allé(e)	I didn't go

This is a checklist of the things you should aim to learn in French using *Équipe nouvelle 2* Unit 2.
- Use the **Check** boxes and the **Prove it!** column to keep track of what you have learned.
- Tick the first box when you feel you are getting to grips with the learning objective but sometimes need a prompt or time to think. Tick the second box when you think you have fully mastered the learning objective and will be able to use it again in future.
- Make notes following the prompts in the **Prove it!** column to help you show what you have learned.
  You can get your learning partner or a parent to test you and initial the second box to confirm the progress you have made.

Learning objectives	**Check**	**Prove it!**
I can name ten parts of the body.	☐ ☐	*Write them down, including* le/la/l'.
I can ask someone what's wrong.	☐ ☐	*Ask your partner.*
I can say when a part of my body hurts.	☐ ☐	*Tell your partner you have a headache and stomach-ache.*
I can say how I feel and what is wrong with me.	☐ ☐	*Tell your partner you feel feverish, sick and sleepy.*
I can say what is good or bad for your health.	☐ ☐	*Tell your partner five ways of staying healthy.*
I can understand and give basic advice on healthy living.	☐ ☐	*Give your partner five pieces of advice on how to stay healthy.*
I can agree and disagree with an opinion.	☐ ☐	*Get your partner to test you.*
I can use masculine, feminine and plural forms, including irregular ones.	☐ ☐	*Write down the French for: feet, legs, noses, arms, eyes, knees, animals.*
I can use the imperative.	☐ ☐	*Give your partner five instructions.*
I can use the perfect tense.	☐ ☐	*Tell your partner what you ate, drank and did and where you went yesterday.*
I can use negatives.	☐ ☐	*Say to your partner in French: I don't eat chips. I have not eaten chips. Don't eat chips!*
I can use a dictionary to help with grammar and spelling.	☐ ☐	*Look up the gender of* sucreries. *Look up the French words for: chin, elbow.*
I know that you can't always translate literally.	☐ ☐	*Say in French: I am 14 years old. I feel sick. I am cold.*
I can understand a short text.	☐ ☐	*Read a text from either page 30 or 110 of the Students' Book and write a few facts in English about it.*
I can use exclamations and sound French.	☐ ☐	*Read out loud Juliette's part in* La belle Équipe *on pages 28–29 of the Students' Book.*
I can pronounce words with accents.	☐ ☐	*Read out:* aime/aimé, ai/aïe, mange/mangé, prête/près.

1a Complète le nom des émissions.
What types of TV programme are illustrated?
Write in the missing vowels: **a, e, é, i, o** *or* **u**.

Qu'est-ce que tu aimes regarder à la télé?	Bruno	moi
les f _ lms	◯	◯
les j _ _ x	◯	◯
les d _ c _ m _ nt _ _ r _ s	◯	◯
la m _ t _ _	☺	◯
les _ nf _ rm _ t _ _ ns	◯	◯
les d _ ss _ ns _ n _ m _ s	◯	◯
les f _ _ _ ll _ t _ ns	◯	◯
les _ m _ ss _ _ ns sp _ rt _ v _ s	◯	◯
les _ m _ ss _ _ ns p _ _ r l _ j _ _ n _ ss _	◯	◯

1b Lis la bulle de Bruno. Dessine ☺ ou ☹.
Read Bruno's speech bubble.
Draw ☺ or ☹ to complete the chart for him.

> J'aime la météo parce que c'est intéressant. Et j'aime aussi les jeux.
> Par contre, je n'aime pas les films parce que les films, c'est nul.
> J'aime bien les émissions sportives et les feuilletons, mais je préfère les
> dessins animés comme 'Les Simpson'. Les dessins animés, c'est génial.
> J'adore les informations, mais je déteste les émissions pour la jeunesse.
> Les documentaires, ce n'est pas marrant. Je n'aime pas les documentaires.

1c Et toi? Dessine ☺ ou ☹ pour toi.
What sort of TV programmes do you like?
Draw ☺ or ☹ to complete the chart for yourself.

2 Écris une bulle pour toi à la page 33.
Write your own speech bubble on page 33, using Bruno's as a model.

1a Utilise le code pour trouver les films qu'ils préfèrent.
Work out the coded messages to find out what type of film these teenagers prefer.

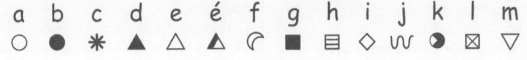

 Nadia _____

 Mustapha _____

1b Écris une phrase pour chaque personne.
Write a sentence to show what each teenager likes.
Exemple … aime les films romantiques.

Nadia _____

Mustapha _____

1c Et toi? Tu aimes quel genre de film? Écris des phrases à la page 33.
What sort of films do you like? Write two or three sentences on page 33.
Exemple J'aime les dessins animés et j'adore les comédies.

2 Lis le message et réponds aux questions en anglais.
Read the message and answer the questions in English.

Cher Christophe,
Je veux aller au cinéma dimanche
après-midi. Il y a LES VAMPIRES
ATTAQUENT au cinéma en ville et
j'adore les films d'horreur. (Il y a aussi
MISSION SUR MARS, mais je n'aime
pas beaucoup les films de science-
fiction.) Tu veux venir avec moi? La
séance commence à quinze heures dix
et se termine à dix-sept heures vingt.
Téléphone-moi si tu peux venir!
Marie

a When does Marie want to go to the cinema?

_____

b Where is the cinema?

_____

c What sort of films does she like?

_____

d What does she think of science-fiction films?

_____

e What time does the film start?

_____

f What time does it finish?

_____

1 Lis les messages et complète la grille.
Read the messages and fill in the grid.

> Stéphane,
> Ça va? Tu veux aller au cinéma mercredi?
> On se retrouve au café à deux heures et
> quart.
> D'accord?
> À mercredi!
> Martin

> Nathalie,
> Tu veux aller à la piscine demain?
> On se retrouve à dix heures à la piscine,
> d'accord? Si tu ne peux pas venir,
> téléphone-moi.
> Alice

> Paul,
> Tu veux aller en ville lundi? On se retrouve
> devant le cinéma à neuf heures et quart.
> Fatiha

> Sandrine,
> Tu veux aller à la plage
> samedi après-midi?
> On se retrouve à trois
> heures et demie chez moi.
> Thomas

	destination	heure	où
Martin			
Alice			
Thomas			
Fatiha			

2 Recopie et complète les deux messages ci-dessous.
Write out these messages in full.

Tu veux aller à samedi soir? On se retrouve à **20.00** au . À bientôt.

_____

_____

Tu veux jeudi soir? Si oui, on se retrouve devant à 🕓 !

_____

_____

3 Invite un copain/une copine à sortir. Écris un message à la page 33.
*Ask a friend to go out with you. Decide where to go, where to meet, at what time.
Write your message on page 33.*

1 Écris une excuse pour chaque invitation.
Write an excuse for invitations a–g.

LUNDI	
MARDI	
MERCREDI	
JEUDI	
VENDREDI	
SAMEDI	
DIMANCHE	

a Tu veux venir chez moi, lundi?

Je ne peux pas. Lundi, je dois aller à la piscine.

b Tu veux faire du skate, vendredi?

_____

c Tu veux aller en ville, dimanche?

_____

d Tu veux aller au parc, jeudi?

_____

e Tu veux aller au cinéma, mardi?

_____

f Tu veux aller à la plage, samedi matin?

_____

g Tu veux faire du vélo, mercredi après-midi?

_____

2 Suis la bonne route pour trouver la réponse de Dracula. Complète sa bulle.
Follow the right route through the clouds to find Dracula's reply. Fill in his bubble.

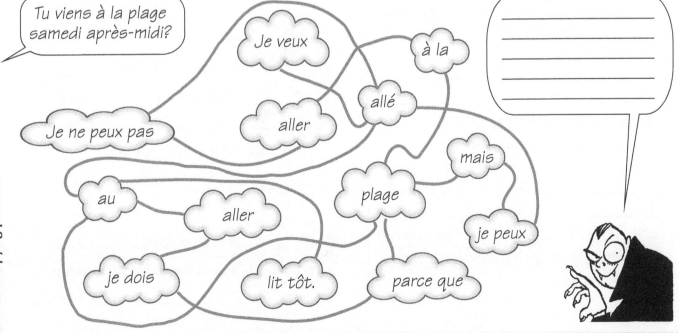

Tu viens à la plage samedi après-midi?

Je veux

à la

Je ne peux pas

aller

allé

mais

au

plage

aller

je peux

je dois

lit tôt.

parce que

vouloir = *to want to*

je veux	nous voulons
tu veux	vous voulez
il/elle/on veut	ils/elles veulent

pouvoir = *to be able to (I can, etc.)*

je peux	nous pouvons
tu peux	vous pouvez
il/elle/on peut	ils/elles peuvent

The verb that follows a part of vouloir *or* pouvoir *has to be an infinitive.*

3 **Complète avec des verbes à l'infinitif.**
Use the infinitives from the box to complete the captions.

rester	payer	regarder	venir
sortir	acheter	aller	voir

1 **Traduis en français.**
Write in the French equivalents.

a I want to _____

b they want to _____

c he wants to _____

d I can _____

e you can (to a friend) _____

f we can _____

2 **Complète avec la bonne forme du verbe.**
Use the right form of the verbs in brackets to complete the invitation.

Chère Sophie,
Je _____ [**vouloir**] aller au cinéma samedi soir. Tu _____ [**pouvoir**] venir avec moi?
On _____ [**pouvoir**] aller voir le film de science-fiction, si tu _____ [**vouloir**]. Paul et Marie ne _____ [**pouvoir**] pas venir, et Martin ne _____ [**vouloir**] pas venir parce qu'il y a un match de foot à la télé.

a
Tu veux _____ au cinéma avec Anne? Elle peut _____ pour toi.

b
Je ne peux pas _____ parce que je fais du baby-sitting. Tu veux _____ chez moi?

c
Vous voulez aller _____ le film policier au cinéma? On peut _____ les billets maintenant.

d
Nous voulons _____ à la maison. Nous pouvons _____ un film à la télé.

1 **Complète les phrases avec le bon verbe.**
Fill in the correct verb in each sentence.

a Tu _____ faire tes devoirs ce soir?

b Elle _____ regarder le film, car elle adore l'acteur!

c On ne _____ pas fumer pour être en forme.

d Ils _____ aller à Brighton le week-end prochain.

e Je _____ acheter des fruits au marché demain.

f Nous _____ faire du baby-sitting tous les samedis.

g Elles ne _____ pas aller à la boum de Céline.

h Vous ne _____ pas boire de jus de fruits?

vais
vas
veut
doit
devons
voulez
vont
peuvent

2 **Écris *devoir*, *pouvoir* ou *vouloir* à la bonne forme pour faire des phrases vraies pour toi.**
Fill in the missing verbs in the sentences to make them true for you.

Exemple a Je peux/Je ne peux pas … regarder la télé tard le soir.

a Je _____ regarder la télé le soir après* 10 heures. (*after*)

b Je _____ faire mes devoirs avant* le dîner. (*before*)

c Le matin, je _____ prendre un bon petit déjeuner.

d Le week-end, je _____ rester tard au lit*. (*to stay in bed late*)

e Le soir, je _____ sortir avec mes copains.

f Je _____ ranger ma chambre le week-end.

3 **Lis l'e-mail de Katya. Réponds à ses questions. Utilise le futur (*aller* + infinitif) et *devoir/vouloir/pouvoir* + infinitif. Marque 1 point par verbe utilisé!**
Read Katya's e-mail and reply to it using the future and modal verbs. Score a point each time you use one.

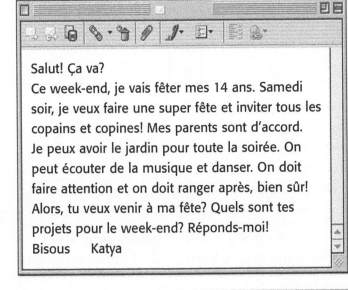

Salut! Ça va?
Ce week-end, je vais fêter mes 14 ans. Samedi soir, je veux faire une super fête et inviter tous les copains et copines! Mes parents sont d'accord. Je peux avoir le jardin pour toute la soirée. On peut écouter de la musique et danser. On doit faire attention et on doit ranger après, bien sûr! Alors, tu veux venir à ma fête? Quels sont tes projets pour le week-end? Réponds-moi!
Bisous   Katya

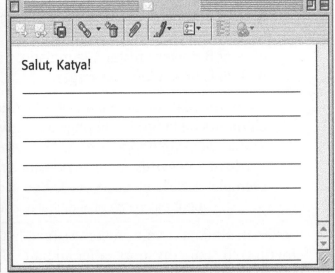

Salut, Katya!

Aujourd'hui, c'est samedi. Nathan est seul et il s'ennuie. Il veut voir des copains. Il peut peut-être téléphoner à Nicolas? Bonne idée.
– Allô, Nicolas? Il fait beau. Tu veux aller à la plage avec moi cet après-midi?
– Euh …Non, je ne peux pas! Désolé, mais je dois … aller à un mariage!

Pauvre Nicolas, pense Nathan. Il déteste aller à des cérémonies. Nathan téléphone alors à Florentin.
– Salut, Florentin! Tu veux venir à la piscine avec moi?
– Ah, désolé, je ne peux pas. Cet après-midi, je vais aider ma mère à ranger la maison.

Pauvre Florentin, pense Nathan. Il déteste ranger. Il appelle Rebecca.
– Allô, Rebecca. C'est Nathan. Tu veux aller à la patinoire cet après-midi?
– Euh non, Nathan, je ne veux pas. Je n'aime pas patiner. En plus, mes parents sont très stricts et je dois faire mes devoirs!

Pauvre Rebecca! Elle déteste faire ses devoirs! Nathan téléphone à Benjamin. Benjamin va sûrement être libre – il ne sort jamais!
– Allô, Benjamin! Ici Nathan. Je suis seul et je m'ennuie.
– Ah, Nathan … Tu peux venir à ma boum si tu veux. C'est cet après-midi.
– Ah oui, je veux bien! Merci!

Nathan est très content. Il va bien s'amuser à la boum de Benjamin.
Tant pis pour Nicolas, Florentin et Rebecca!

Mais devinez qui il voit quand il arrive chez Benjamin … Nicolas, Florentin et Rebecca!

seul *alone*
il s'ennuie *he's bored*
pauvre … *poor …*
tant pis pour …! *too bad for …!*

1 **Coche le meilleur résumé de l'histoire.**
Tick the sentence that best summarises the story.
  a ☐ Nathan veut voir des copains, mais ils ne peuvent pas sortir.
  b ☐ Nathan ne peut pas voir ses copains parce qu'il doit aller à une boum.
  c ☐ Nicolas, Florentin et Rebecca inventent des excuses parce qu'ils ne veulent pas voir Nathan.
  d ☐ Nathan va à une boum pour retrouver tous ses copains.

2 **C'est qui, A, B, C, D et E?**
Who are A, B, C, D and E?
  a A, B et C ne peuvent pas sortir avec D aujourd'hui.
  b D va voir A, B et C chez E!
  c A et B doivent rester à la maison.
  d B et C ne veulent pas nager.

A	
B	
C	
D	
E	

3 **La même histoire arrive à Isabelle. Adapte le texte et raconte son histoire avec des éléments de la boîte à la page 33. (Environ 150 mots)**
The same thing happens to Isabelle. Adapt the text to tell her story on page 33 in about 150 words, using expressions from the box.
  Exemple Isabelle est seule et elle s'ennuie. Elle veut aller au cinéma avec Pierre, mais il ne peut pas parce qu'il doit aller chez le médecin. Elle téléphone à Juliette … etc.

aller au cinéma   voir une émission à la télé   promener le chien   garder mon frère
faire du vélo   faire du sport   aller au parc   aller voir ma grand-mère   aller chez le médecin

Les émissions de télé — *TV programmes*

un dessin animé (les dessins animés)	*a cartoon (cartoons)*
un documentaire	*a documentary*
un feuilleton	*a soap*
un film	*a film*
un jeu (les jeux)	*a game show (game shows)*
une émission sportive	*a sports programme*
une émission pour la jeunesse	*a youth programme*
une série	*a series*
la météo	*the weather*
les informations	*the news*

Les opinions — *Opinions*

Je préfère …	*I prefer …*
C'est …	*It's …*
génial(e)/drôle	*great/amusing*
intéressant(e)	*interesting*
nul(le)/débile	*rubbish/stupid*
Ce n'est pas …	*It's not …*
mal/marrant(e)	*bad/funny*

Les connecteurs — *Connectives (linking words)*

mais	*but*
et	*and*
parce que	*because*
aussi	*as well*
par contre	*on the other hand*
comme	*like, as*

C'est quoi, le numéro de téléphone? — *What's the telephone number?*

C'est le 03 45 67 98 12.	*It's 03 45 67 98 12.*
Allô. C'est Matthieu?	*Hello. Is that Matthieu?*
Est-ce que je peux parler à Arnaud, s'il te plaît/s'il vous plaît?	*Please may I speak to Arnaud?*
Oui, attends. Ne quitte pas.	*Yes, hold on a moment.*

Le cinéma — *The cinema*

un dessin animé	*a cartoon*
un film d'aventure	*an action film*
un film d'horreur	*a horror film*
un film de science-fiction	*a science-fiction film*
un film policier	*a crime film*
un film romantique	*a romantic film*
un western	*a western*
une comédie	*a comedy*
Qu'est-ce que tu vas voir au cinéma?	*What are you going to see at the cinema?*
Je vais voir Harry Potter.	*I'm going to see Harry Potter.*
C'est un film d'aventure.	*It's an action film.*
C'est à quelle heure?	*What time is it showing?*
C'est à 20h30.	*At 8.30pm.*

Tu veux aller au cinéma/parc? — *Do you want to go to the cinema/park?*

Tu veux aller à la piscine/plage/patinoire?	*Do you want to go to the swimming pool/beach/ice rink?*
Tu veux aller en ville?	*Do you want to go into town?*
Tu veux danser/nager/faire du vélo?	*Do you want to go dancing/swimming/cycling?*
Tu veux venir chez moi?	*Do you want to come to my house?*
Oui, je veux bien.	*Yes, I'd like that.*
On se retrouve à quelle heure?	*What time shall we meet?*
À cinq heures.	*At five o'clock.*
On se retrouve où?	*Where shall we meet?*
chez moi/chez toi	*at my house/at your house*
au parc/au café/à la piscine	*in the park/in the café/at the swimming pool*
devant la bibliothèque	*in front of the library*
Je ne peux pas.	*I can't.*
Je dois …	*I must …*
faire mes devoirs	*do my homework*
aller voir ma grand-mère	*go to visit my grandmother*
garder mon frère	*look after my brother*
promener le chien	*take the dog for a walk*
ranger ma chambre	*tidy my room*

This is a checklist of the things you should aim to learn in French using *Équipe nouvelle 2* Unit 3.
- Use the **Check** boxes and the **Prove it!** column to keep track of what you have learned.
- Tick the first box when you feel you are getting to grips with the learning objective but sometimes need a prompt or time to think. Tick the second box when you think you have fully mastered the learning objective and will be able to use it again in future.
- Make notes following the prompts in the **Prove it!** column to help you show what you have learned.
  You can get your learning partner or a parent to test you and initial the second box to confirm the progress you have made.

Learning objectives   Check   Prove it!

Learning objectives	Check	Prove it!
I can name different types of TV programme.	☐ ☐	*Tell your partner six different types of TV programme.*
I can say what types of TV programme I like and dislike.	☐ ☐	*Tell your partner about a programme you like and one that you dislike.*
I can name different types of film.	☐ ☐	*Tell your partner six different types of film.*
I can say what film I am going to see at the cinema.	☐ ☐	*Tell your partner, using* Je vais voir …
I can use the 24-hour clock and say when a film is.	☐ ☐	*Tell your partner the film starts at 7.30pm.*
I can ask someone if he/she would like to do something.	☐ ☐	*Ask your partner if s/he wants to go swimming or into town using* Tu veux … ?
I can say that I would like to do something.	☐ ☐	*Answer this question:* Tu veux aller au café?
I can arrange a time and a place to meet.	☐ ☐	*Arrange a time and a place to meet your partner.*
I can give an excuse.	☐ ☐	*Complete this sentence:* Je ne peux pas parce que je dois …
I can give and understand telephone numbers.	☐ ☐	*Say a phone number from page 42 of the Students' Book for your partner to note down. Note down the number your partner gives you.*
I can make a telephone call.	☐ ☐	*Make a list of three useful phrases to use on the telephone.*
I can say what I am going to do, using *aller* + infinitive.	☐ ☐	*Complete this sentence:* Le week-end prochain, je vais …
I can use the verbs *vouloir, devoir* and *pouvoir* + infinitive.	☐ ☐	*Write a sentence using each of these verbs.*
I can use connectives to give more detailed answers.	☐ ☐	*Add some connectives to make these sentences more interesting:* J'aime les feuilletons. C'est génial. Je n'aime pas les informations. C'est nul!
I can listen for gist and detail.	☐ ☐	*Work through Feuille 49.*
I can pronounce numbers correctly in different places.	☐ ☐	*Say these sentences and compare with your partner. If necessary, check your pronunciation with page 39 of the Students' Book,* Ça se dit comme ça!

Le film commence à dix heures.

Tu as des billets pour le film?

Le train part dans six minutes.

Les trois amis vont aller au cinéma.

1a **Écris des bulles, comme dans l'exemple.**
Write speech bubbles, like the example.

h = heure; j = jour; s = semaine

a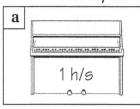
1 h/s

> Je joue du piano une heure par semaine.

d 2 h/s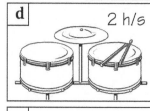

b 2 h/j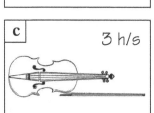

e 1 h/j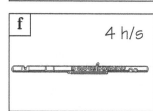

c 3 h/s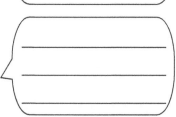

f 4 h/s

1b **Lis les phrases. Relis les messages de l'activité 1 et devine l'instrument!**
Read the sentences below. Then read the sentences you wrote for 1a and work out the instrument.

a Je joue deux fois par semaine, une heure le lundi et une heure le vendredi. _____

b J'ai commencé l'année dernière. J'ai une heure de cours tous les mercredis. _____

c Je joue tous les jours, environ deux heures chaque jour. _____

d Je joue une heure le lundi, le mardi, le jeudi et le vendredi. Je ne joue pas le week-end. _____

2 **Imagine que ces détails sont vrais pour toi. Regarde les symboles et écris le plus possible de détails à la page 43.**
Imagine the symbols below represent your hobbies. Write sentences on page 43 giving lots of details of what you do. Invent!

Exemple Je fais du karaté depuis quatre ans. Je suis allé(e) de temps en temps au club de mon frère. J'ai bien aimé, alors j'ai commencé les cours. Je fais une heure de karaté par semaine, le lundi, après l'école.

1h/s
(lun. 17h)

tlj

1h/s
(dim. matin)

de t en t

2h/s

jamais

1 Écris la bonne phrase de la boîte dans chaque bulle.
Write the correct sentence from the box in each speech bubble.

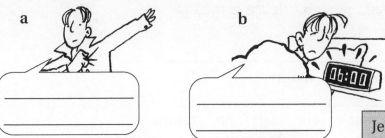

Je me réveille.
Je me lave.
Je me lève.
Je m'habille.
Je m'entraîne.
Je me repose.
Je me brosse les dents.
Je prends le petit déjeuner.

2 Lis l'article et coche: vrai, faux ou on ne sait pas.
Read the article and tick the right columns: **vrai** *(true),* **faux** *(false) or*
on ne sait pas *(answer not in text).*

LA JOURNÉE D'UNE CHAMPIONNE DE NATATION

À six heures, quand le réveil sonne, je me réveille. Je me lève à six heures cinq et je m'habille dans ma chambre. Je vais à la piscine parce que je m'entraîne tous les jours jusqu'à huit heures et demie. À huit heures et demie, je me lave et je m'habille dans les vestiaires. Je rentre à la maison. À neuf heures, je prends mon petit déjeuner dans la cuisine, je me brosse les dents dans la salle de bains et je me repose dans le salon ou dans le jardin.

		vrai	*faux*	*on ne sait pas*
a	Elle se réveille à 6 h.	☐	☐	☐
b	Elle se lève à 6 h15.	☐	☐	☐
c	Elle va à la piscine en bus.	☐	☐	☐
d	Elle se repose à la piscine.	☐	☐	☐
e	Elle se brosse les dents dans les vestiaires.	☐	☐	☐
f	À neuf heures, elle s'habille.	☐	☐	☐

3 Et toi? Qu'est-ce que tu fais le matin? Écris un paragraphe à la page 43.
What do you do in the morning? Write a paragraph on page 43.

1 **Remets les mots dans l'ordre et fais des phrases.**
Rearrange the jumbled words in the right order to make sentences.
Exemple ménage le fais je ➔ Je fais le ménage.

a mets je couvert le

_____

b Marc lit son fait le matin

_____

c la cuisine de temps elle fait en temps

_____

d vaisselle on fait le la soir

_____

e faisons courses les tous nous les jours

_____

2 **Écris une phrase sous chaque dessin.**
Write a caption under each picture as in the example.

Exemple

À une heure, il range sa chambre.

a

_____
_____

b

_____
_____

c

_____
_____

d

_____
_____

e

_____
_____

1 Lis les textes et coche (✔) la grille. Qui est Élodie: numéro 1, 2, 3 ou 4?
Read the information and tick or cross the grid below. Who is Élodie: 1, 2, 3 or 4?
✔ = *job they have done* ✘ = *job they haven't done*

Salut! Je m'appelle Élodie. Hier, j'ai fait mon lit et j'ai rangé ma chambre. Je n'ai pas fait les courses, mais j'ai fait la cuisine. J'ai mis le couvert à midi, mais je n'ai pas fait la vaisselle. Je n'ai pas fait le ménage – c'est ma mère qui l'a fait.

1   2   3   4

Numéro 4 a fait la cuisine.	Numéro 1 n'a pas rangé sa chambre.
Numéro 1 n'a pas fait la vaisselle.	Numéro 2 n'a pas fait la vaisselle.
Numéro 3 n'a pas fait le ménage.	Numéro 4 n'a pas fait son lit.
Numéro 2 a fait son lit.	Numéro 1 a mis le couvert.
Numéro 4 n'a pas fait les courses.	Numéro 2 a rangé sa chambre.
Numéro 3 n'a pas fait son lit.	Numéro 3 a fait la cuisine.

Élodie				✔		✘	
1							
2							
3							
4							

Élodie est numéro ☐

2 Et toi? Qu'est-ce que tu as fait le week-end dernier? Qu'est-ce que tu n'as pas fait? Écris un paragraphe à la page 43.
Which of the jobs above did you do last weekend? Which jobs didn't you do?
Write a paragraph on page 43.
Exemple J'ai fait mon lit. Je n'ai pas rangé ma chambre … etc.

Flashback

Reflexive verbs need a pronoun between the subject and the verb, for example:

je	me	lave	=	*I wash*
[subject]	[pronoun]	[verb]		(myself)

The pronoun changes to match the subject:

subject	pronoun	verb
je	me*	lave
tu	te*	laves
il/elle/on	se*	lave

(*Note: before a vowel or silent h, the pronouns change to m', t', s'.
For example: je m'amuse, tu t'ennuies, il s'habille.*)*

1a **Colorie les bonnes flèches.**
Colour in the arrows you need to follow to make a correct sentence. Be careful! Not all of the words are used.

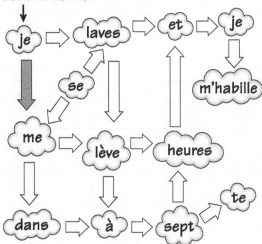
commence ici

1b **Écris la phrase.**
Write the sentence here.

_____

_____

2a **Complète avec le bon verbe.**
Write in the correct part of the reflexive verb.

Exemple   Je *me lave* à huit heures. [**se laver**]

a Je _____ à six heures.
[**se réveiller**]

b Tu _____ quand?
[**se lever**]

c Il _____ dans la salle de bains. [**se laver**]

d Marie _____ les dents.
[**se brosser**]

e Je _____ cinq minutes.
[**se reposer**]

f Vous _____ pour le match? [**se préparer**]

g Les enfants _____ dans la chambre. [**s'habiller**]

h Nous _____ pour le match de tennis. [**s'entraîner**]

2b **Traduis les phrases a–h en anglais à la page 43.**
Write out the English equivalent of sentences a–h on page 43.

3 **Traduis ces phrases en français.**
Write out the French equivalent of these sentences.

a I get up at seven o'clock.

_____

b Marc gets dressed in the bathroom.

_____

c We get washed and brush our teeth.

_____

d You wake up at eight o'clock.

_____

e I'm having a rest in my bedroom.

_____

f Are they training for the match?

_____

1 **Coche la bonne légende.**
Tick the right caption for the picture on the right.

a   Je me lave dans la salle de bains. ☐

b   Je me brosse les dents tous les matins. ☐

c   Je ne me brosse jamais les dents. ☐

d   Je me brosse les dents de temps en temps. ☐

2 **Lis les bulles et réponds aux questions en anglais.**
Read the speech bubbles and answer the questions in English.

Isabelle

> Samedi matin, j'ai aidé ma mère à la maison. J'ai fait le ménage dans le séjour et, après, on a fait les courses au marché. On a acheté des fruits, du poisson et du fromage. J'aime beaucoup le marché. C'est très animé. À midi, j'ai mangé une pizza et un peu de salade verte. Après, j'ai fait la vaisselle. L'après-midi, j'ai retrouvé mes copines. On a joué au ping-pong au club des jeunes. Le soir, j'ai écouté de la musique.

Christophe

> Moi, samedi matin, j'ai fait mon lit et j'ai rangé ma chambre. Ensuite, j'ai regardé un peu la télévision (il n'y a pas de bonnes émissions le samedi matin!). À midi, j'ai mangé chez ma grand-mère. J'ai mis le couvert et j'ai fait la vaisselle et ma grand-mère a fait la cuisine. L'après-midi, j'ai fait du shopping. J'ai acheté un CD et un livre. Le soir, j'ai joué aux cartes et au Scrabble avec mon frère. J'aime beaucoup les jeux.

a   What did Isabelle do to help at home on Saturday morning?

_____

b   What job did she do after lunch?

_____

c   What did she do in the afternoon?

_____

d   What did she do in the evening?

_____

e   What three things did Christophe do on Saturday morning?

_____

f   What two jobs did he do to help his grandmother?

_____

g   What did he do in the evening?

_____

Mon journal top-secret

Je me réveille à minuit* et je me lève à minuit dix. Toute la famille est au lit. J'aime le noir et le silence! Je vais dans la salle de bains, mais je ne me lave pas et je ne m'habille pas. Qu'est-ce que je vais faire? Ah, j'ai une idée – je vais aller dans la cuisine.

Dans la cuisine, je vois que Papa n'a pas fait la vaisselle ce soir après le dîner. Et Maman n'a pas fait les courses au supermarché aujourd'hui – le frigo est presque vide*. Je joue au football avec un melon. Je m'amuse. Je joue au golf avec une orange. Génial! Hier*, j'ai joué avec un œuf* – quelle catastrophe!

À minuit et demi, je vais dans le salon. Je vais jouer de la musique: il y a un piano, un violon, une guitare et une batterie. Hier, j'ai joué du violon. Pff, je n'ai pas bien joué. Ce soir, je vais jouer du piano. Je commence ... PING! ZING! BADABOUM! Génial ...

Tout d'un coup*, la porte s'ouvre. Qui est là? J'avance vers la porte ...
Aïe! C'est Julien. Il m'a vu*! Oh là là! Pour un fantôme, ce n'est pas bien. Catastrophe!

> minuit *midnight*
> presque vide *almost empty*
> hier *yesterday*
> un œuf *an egg*
> tout d'un coup *all of a sudden*
> il m'a vu *he's seen me*

1 **Lis le journal. Qui l'a écrit: un garçon ou un fantôme?**
Read the diary entry. Who wrote it: a boy or a ghost?

_____

2a **Trouve trois expressions qui parlent du futur.** *Find three examples where the writer talks about the future, using part of* **aller** *+ an infinitive.*

a _____ b _____ c _____

2b **Souligne les verbes au présent et entoure les verbes au passé composé.**
Underline all the present tense verbs and circle all the verbs in the perfect tense (which talk about past events).

3 **Réponds aux questions à la page 43.** *Answer these questions on page 43.*

a Il se lève quand?
b Pourquoi il y a le silence?
c Pourquoi est-ce que le frigo est presque vide?
d Quels fruits sont mentionnés?
e Qu'est-ce qu'il fait avec les fruits?
f Quand est-ce qu'il a joué avec un œuf?
g Il joue du violon ou du piano?
h Pourquoi Julien est-il entré dans le salon?
i Tout finit bien? Pourquoi?

Le sport

J'aime bien faire du judo.

faire de la voile
faire de la natation
faire de l'équitation
jouer au tennis
jouer au ping-pong
jouer au football
jouer au hockey

Sport

I like to do judo.

to go sailing
to go swimming
to go horse-riding
to play tennis
to play table tennis
to play football
to play hockey

La musique

Tu joues de quel instrument?
Je joue de la guitare.
Je joue de la flûte.
Je joue de la batterie.
Il joue du piano.
Il joue du clavier.
Il joue du violon.
Je ne joue pas d'instrument.

Music

What instrument do you play?
I play the guitar.
I play the flute.
I play the drums.
He plays the piano.
He plays the keyboard.
He plays the violin.
I don't play an instrument.

Quand?

de temps en temps

tous les jours
une fois par semaine (par jour/par mois)
deux fois, trois fois, etc.
ne … jamais

When?

occasionally, now and then
every day
once a week (a day/a month)
twice, three times, etc.
never

Ma journée

À quelle heure est-ce que tu te réveilles?
je me réveille à sept heures
je me lève
je me lave
je m'habille
je prends le petit déjeuner
je me brosse les dents
je me couche

My day

What time do you wake up?
I wake up at seven o'clock
I get up
I have a wash
I get dressed
I have breakfast
I brush my teeth
I go to bed

Les tâches ménagères

faire la cuisine
faire la vaisselle
faire son lit
faire le ménage
mettre le couvert
faire les courses
ranger sa chambre

Household chores

doing the cooking
doing the washing-up
making your bed
doing the housework
setting the table
doing the shopping
tidying your bedroom

Qu'est-ce que tu as fait?

Lundi, j'ai fait la cuisine.
Hier, j'ai fait la vaisselle.
Ce week-end, j'ai fait mon lit.
Le week-end dernier, j'ai fait le ménage.
J'ai mis le couvert.
J'ai fait les courses.
J'ai rangé ma chambre.
Je n'ai pas fait la cuisine.
Tu n'as pas fait ton lit.

Ils n'ont pas fait les courses.

What did you do?

On Monday, I did the cooking.
Yesterday, I did the washing-up.
At the weekend, I made my bed.
Last weekend, I did the housework.
I set the table.
I did the shopping.
I tidied my bedroom.
I didn't do the cooking.
You didn't make your bed.
They didn't do the shopping.

This is a checklist of the things you should aim to learn in French using *Équipe nouvelle 2* Unit 4.
- Use the **Check** boxes and the **Prove it!** column to keep track of what you have learned.
- Tick the first box when you feel you are getting to grips with the learning objective but sometimes need a prompt or time to think. Tick the second box when you think you have fully mastered the learning objective and will be able to use it again in future.
- Make notes following the prompts in the **Prove it!** column to help you show what you have learned.
  You can get your learning partner or a parent to test you and initial the second box to confirm the progress you have made.

Learning objectives Check Prove it!

I can say what sports I do and don't do using *faire de*. □ □ *Tell your partner three sports you do and don't do, starting* Je fais …/Je ne fais pas …

I can say what sports I play and don't play using *jouer à*. □ □ *Tell your partner three sports you do and don't do, starting* Je joue …/Je ne joue pas …

I can say what musical instruments I play using *jouer de*. □ □ *Tell your partner.*

I can say how often I do activities. □ □ *Tell your partner that you play football every day, go swimming now and again and have a guitar lesson on a Saturday.*

I can talk about my daily routine. □ □ *Get your partner to test you.*

I can ask someone about their daily routine. □ □ *Ask your partner at what time he/she wakes up, gets up and goes to bed.*

I can describe someone else's daily routine. □ □ *Tell your partner about a member of your family or a friend.*

I can name different household chores. □ □ *Write down five and say aloud to your partner.*

I can say what I do/don't do to help at home on a regular basis. □ □ *Get your partner to test you.*

I can say what I have/haven't done to help at home this past week. □ □ *Get your partner to test you.*

I can write a longer description. □ □ *Extend this text:* Je me réveille. Je me lève. Je me lave. Je me brosse les dents. Je prends mon petit déjeuner.

I can use verb tables. □ □ *Use the verb tables in* Équipe nouvelle 2 *to find the right present tense form of these infinitives:* tu (prendre), nous (boire), Max et Marie (être).

I can improve my speaking skills by sounding really French. □ □ *Read the following sentence aloud, adding in some French hesitation words:* En ce moment, je révise pour des examens au collège et je me lève tous les matins à six heures.

I can adapt a text. □ □ *Adapt these sentences to talk about yourself:* Le week-end, en général, je me lève à neuf heures. Samedi matin, j'ai mangé un croissant et j'ai bu un jus d'orange. Après, j'ai fait la vaisselle et j'ai écouté la radio.

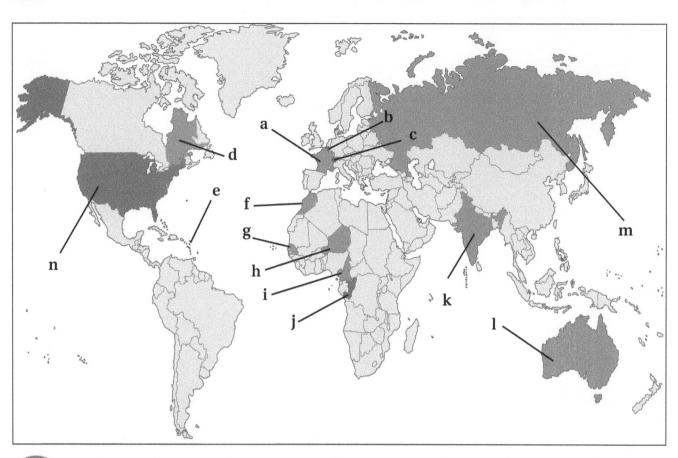

1 C'est quel pays? Note la lettre et complète avec *le, la, l'* ou *les*.
Which country is it? Note down the right letter from the map and write the article.

1 ☐ ___ Antilles   6 ☐ ___ États-Unis   11 ☐ ___ Québec

2 ☐ ___ Australie   7 ☐ ___ France   12 ☐ ___ Russie

3 ☐ ___ Belgique   8 ☐ ___ Inde   13 ☐ ___ Sénégal

4 ☐ ___ Cameroun   9 ☐ ___ Maroc   14 ☐ ___ Suisse

5 ☐ ___ Congo   10 ☐ ___ Niger

2 Écris une phrase pour chaque pays à la page 53.
Write a sentence for each country on page 53.

Exemple
1 Je vais aux Antilles.

3 Quels pays ne sont pas francophones? Écris à la page 53.
Which countries are not French-speaking. Write a list on page 53.

Exemple
On ne parle pas français en/au/aux …

4 Tu aimerais aller dans quel(s) pays (parmi les 14)? Écris à la page 53.
Which of these 14 countries would you like to visit? Write a list on page 53.

Exemple
J'aimerais aller aux Antilles.

1 Trouve les dix moyens de transport dans la grille.
Find the names of ten means of transport in the grid.

J	L	A	V	O	I	T	U	R	E	E
L	E	M	É	T	R	O	V	A	I	S
E	B	N	L'	A	V	I	O	N	F	R
L	A	M	O	B	Y	L	E	T	T	E
E	T	A	L	L	E	T	R	A	I	N
B	E	L	E	T	R	A	M	W	A	Y
U	A	N	C	C	E	E	N	A	É	R
S	U	O	A	G	L	I	S	S	E	U
L'	E	U	R	O	S	T	A	R	R	!

2 Avec les autres lettres, découvre le message secret!
Make up the mystery message with the remaining letters.

J_ !

3 Et toi? Réponds aux questions.
What about you? Answer the questions.

a Comment est-ce que tu vas à l'école?

_____

b Comment est-ce que tu vas en ville?

_____

c Comment est-ce que tu vas chez ton copain/ta copine?

_____

d Comment est-ce que tu vas chez tes grands-parents?

_____

e Comment est-ce que tu vas en France?

_____

1a Complète les bulles avec les bons verbes au passé composé.
Fill in the bubbles with the correct verbs in the perfect tense.

Paul

a   Je __*suis allé*__ en Allemagne. Je _____

le vingt et un juin. Je _____ quatre

jours. J'_____ le train.

b

Sonia

Je _____ en Italie.
Je _____ le onze août.
Je _____ un week-end.
J'_____ l'avion.

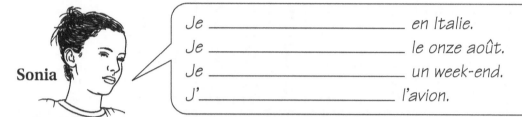

| ai pris | ai pris | suis resté | suis restée | suis allé ✓ | suis allée | suis parti | suis partie |

1b Lis les bulles et relie aux bons dessins.
Match up the bubbles with the correct pictures.

a
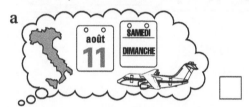

b

2 Écris une bulle pour chaque personne. Attention aux accords!
Write a bubble for each person, making the verbs agree as necessary.

a

b

_____   _____

_____   _____

_____   _____

3 Invente un voyage! Écris une description à la page 53.
Invent a trip and write a description on page 53.

1 Laure et Luc sont allés en Angleterre. Lis les lettres et complète avec la bonne forme des verbes au passé composé. *Laure and Luc went to England. Read their letters and fill in the gaps with the correct form of the verbs in the perfect tense.*

Bonjour, Luc!
Je _suis allée_ à Londres chez ma correspondante.
Je _____ _____ [**partir**]
le 1er août. Je _____ _____ [**rester**]
deux semaines. J'_____ _____ [**prendre**]
l'Eurostar. J'_____ _____ [**visiter**] des
musées super. Je _____ _____ [**aller**]
au théâtre voir une comédie musicale. C'était génial!
Et j'_____ _____ [**jouer**] au golf! C'était
vraiment super!
Et toi, qu'est-ce que tu _____ _____ [**faire**]
pendant les vacances? C'était comment?
À bientôt,
Laure

Salut Laure!
Moi aussi, je suis allé à Londres dans une
famille! _____ _____ [**partir**] le 10
août. _____ _____ [**prendre**] le bateau.
_____ _____ [**rester**] une semaine.
Ah, l'horreur! C'était nul!
Je n' ___ pas _____ [**visiter**] Londres.
_____ _____ [**faire**] du vélo dans un parc
et je _____ _____ [**rester**] à la
maison. _____ _____ [**regarder**] la
télé. Voilà, c'est tout! C'était vraiment nul!
Je t'embrasse,
Luc

2a C'est qui, Luc ou Laure?
Who is it, Luc or Laure?
Write in the correct name.

Attention!

= je suis allée/ restée   = je suis allé/ resté

a

b

Luc

c

d

e

f

2b Écris la bonne phrase pour chaque dessin (a–f).
Write the correct caption for each picture (a–f left).

a   _J'ai pris le bateau._

b   _____

c   _____

d   _____

e   _____

f   _____

3 Imagine un séjour dans une famille en France. C'était super ou nul? Écris une lettre à la page 53.
Imagine you stayed with a French family. Was it great or awful? Write a letter on page 53.

Flashback

- *The perfect tense with* avoir:
  j'ai + ***past participle of verb***
  j'ai **visité**
  j'ai **pris**
  j'ai **fait**

- *The perfect tense with* être *(usually verbs of movement)*:
  je suis + ***past participle of verb***
  je suis **allé(e)**, je suis **parti(e)**,
  je suis **resté(e)**

  Remember the agreement after être:
  il est allé   elle est all**é**e   ils sont all**é**s
  elles sont all**é**e**s**

1 Entoure les verbes qui se conjuguent avec *être* au passé composé.
Circle the verbs that take **être** *in the perfect tense.*

acheter	aller	arriver	boire
manger	monter	partir	prendre
rentrer	rester	sortir	visiter

2 Complète avec *je suis* or *j'ai*.
Fill in the gaps with **je suis** *or* **j'ai**.

a *Je suis* _____ allé à Paris.

b _____ pris le train.

c _____ bu un café au bar.

d _____ arrivé à neuf heures.

e _____ resté un week-end.

f _____ visité le musée du Louvre.

g _____ monté à la tour Eiffel.

h _____ acheté des souvenirs.

i _____ sorti avec des amis.

j _____ mangé au restaurant.

k _____ parti le lundi matin.

l _____ rentré à la maison à midi.

3 Relie les moitiés de phrases.
Match up the sentence halves.

1	2	3	4

1 Hugo est   a allées à une boum.

2 Sophie est   b allée à une boum.

3 Marc et Luc sont   c allé à Paris.

4 Lucie et Marie sont   d allés au cinéma.

4 Complète les phrases avec la bonne forme du verbe *aller* au passé composé.
Fill in the gaps with the correct form of **aller** *in the perfect tense.*

a Je _____ chez ma grand-mère.

b Elles _____ à une boum
pour Halloween.

c Je _____ chez les petits cochons.

d Ils _____ au lit trop tard.

1 **Écris le participe passé correct.**
Write in a correct past participle.

a Je suis [**aller**] ___*allé(e)*___ à Londres.

b Tu es [**arriver**] _____ à pied?

c Il est [**venir**] _____ à moto.

d Nous sommes [**rentrer**] _____ en train.

e Anne et toi, vous êtes [**partir**] _____ aux Antilles?

f Elles sont [**aller**] _____ en Angleterre.

g Ma mère est [**monter**] _____ à la tour Eiffel.

h Ils sont [**tomber**] _____ dans l'eau.

2 **Prends un élément de chaque colonne en lançant le dé. Tu peux faire une phrase? Si oui, écris-la à la page 53 et gagne un point. (Attention à l'accord du participe passé et à la préposition!)**
Throw a die to pick a word/phrase from each column. If they match up correctly, write the sentence on page 53 and score 1 point. (Remember to use the correct preposition and past participle agreement.)

Exemples

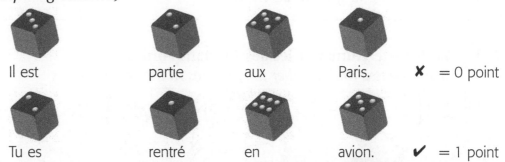

Il est   partie   aux   Paris.   ✗ = 0 point

Tu es   rentré   en   avion.   ✔ = 1 point

1 Je suis	1 rentré	1 à	1 Paris.
2 Tu es	2 partie	2 à la	2 vélo.
3 Il est	3 allé	3 à l'	3 États-Unis.
4 Nous sommes	4 restées	4 au	4 France.
5 Vous êtes	5 venus	5 aux	5 avion.
6 Elles sont	6 sorties	6 en	6 Sénégal.

3 **Traduis en français à la page 53.**
Translate into French on page 53.

a I went to Paris by plane.

b My parents have arrived in Belgium.

c My sister and I stayed in Paris for a weekend.

d My French penpal Lucie came to London by Eurostar.

e Matthieu didn't go to hospital on foot.

f Have Lucas and Sophie already been to the United States by boat?

· H I S T O I R E · I N C R O Y A B L E ·

Hier soir, Pierre est rentré de voyage en voiture, mais sa voiture est tombée en panne*. Oh non, son téléphone portable n'était pas chargé!!

Il est sorti de la voiture et il a marché vers un village. Il est arrivé devant une maison. Il a frappé à la porte. Une vieille dame* a ouvert. Elle était très sympa. Il est entré, il a bu un café et il a mangé du gâteau au chocolat avec elle. Hmmm, le gâteau était délicieux! La dame a beaucoup parlé. Elle a raconté quand elle était petite fille. C'était intéressant, mais il était tard.

"Je dois partir maintenant," a dit Pierre.

"Vous allez revenir et je vais faire un gâteau!" a dit la vieille dame.

Après, Pierre est allé au garage. Le garagiste a réparé* sa voiture. Pierre est reparti.

Quand il est arrivé à la maison, il n'a pas trouvé sa clé*! Oh non! Elle était chez la vieille dame! Il est retourné au village. Quand il est arrivé, il n'a pas trouvé la maison. Surprise! À la place*, il y avait des ruines!

Il est allé chez un voisin. "Je cherche la maison d'une vieille dame. C'était là." Le voisin a dit: "C'était la maison de Mademoiselle Bertin, la pâtissière*, mais elle est morte en 1950. Maintenant, la maison est en ruines!"

Impossible! Pierre est allé dans les ruines. Et là, qu'est-ce qu'il y avait? Sa clé ... et un beau gâteau au chocolat!

tomber en panne *to break down*
une vieille dame *an old lady*
réparer *to repair*
une clé *a key*
à la place *instead*
la pâtissière *cake-maker*

1 **Lis le texte. Numérote les dessins dans l'ordre.**
Read the text and number the pictures in the correct order.

2 **Réponds aux questions en français à la page 53.**
Answer the questions in French on page 53.
   a Qu'est-ce que Pierre a fait quand sa voiture est tombée en panne?
   b Pourquoi est-ce qu'il n'a pas téléphoné sur son portable?
   c Qu'est-ce qu'il a fait chez la vieille dame?
   d Pourquoi est-ce qu'il est retourné au village?
   e Pourquoi Pierre n'a pas retrouvé la vieille dame?
   f Qu'est-ce qu'il y avait dans les ruines?

3 **Imagine, c'est ton histoire. Adapte et raconte! Écris sur une feuille.**
Tell the story as if it had happened to you. Write it on a separate sheet.
Exemple Hier soir, <u>je suis</u> rentré<u>(e)</u> de vacances, mais <u>ma moto</u> est tombée en panne …

En voyage / *Travelling*

Je suis allé(e) … — *I went/have been …*
Je ne suis jamais allé(e) … — *I've never been …*
Je vais … — *I go/I'm going …*
J'aimerais bien aller … — *I'd love to go …*
à l'étranger — *abroad*
à + ville — *to + town*
en/au/aux + pays — *to + country*

Je vais (au collège) … / *I go (to school) …*

en … — *by …*
avion/bateau — *plane/boat*
bus/car — *bus/coach*
train/Eurostar — *train/Eurostar*
métro/tramway — *underground/tram*
taxi/voiture — *taxi/car*
à … — *by/on …*
mobylette — *moped*
moto — *motorbike*
pied — *foot*
vélo — *bicycle*

J'aime bien/Je n'aime pas prendre (le bus) … / *I like/don't like taking (the bus) …*

parce que c'est … — *because it's …*
très/trop/assez/un peu — *very/too/rather/a bit*
pratique — *handy*
cher — *expensive*
pas cher — *cheap*
rapide — *quick*
long — *long*
confortable — *comfortable*
dangereux — *dangerous*

Tu es allé(e) où? / *Where did you go?*

Je suis allé(e) à Paris/ en France — *I went to Paris/ to France.*
Tu es parti(e) quand? — *When did you leave?*
Je suis parti(e) (le 20 juillet). — *I left on (20 July).*
Tu es resté(e) combien de temps? — *How long did you stay?*
Je suis resté(e) une semaine/un mois. — *I stayed a week/ a month.*
Tu as voyagé comment? — *How did you travel?*
J'ai pris (l'avion). — *I took (the plane).*

Qu'est-ce que tu as fait pendant les vacances? / *What did you do during the holidays?*

D'abord, … — *First …*
Après, … — *Afterwards …*
je suis allé(e) — *I went*
je suis arrivé(e) — *I arrived*
je suis entré(e) — *I went in*
je suis monté(e) — *I went up/climbed*
je suis parti(e) — *I left*
je suis sorti(e) — *I went out*
je suis venu(e) — *I came*
je suis descendu(e) — *I went down*
je suis rentré(e) — *I came back*
je suis resté(e) — *I stayed*
je suis tombé(e) — *I fell*
On est allé(e)s à la plage. — *We went to the beach.*
On a fait des excursions. — *We went on trips.*
On a visité la région/ des châteaux/ des musées. — *We visited the area/ castles/ museums.*
On a fait du sport. — *We played sport.*
On a fait de l'équitation/ du vélo. — *We went horse riding/cycling.*
J'ai joué au foot/sur ma console. — *I played football/on my games console.*
Je suis sorti(e) avec mes copains. — *I went out with my friends.*
On est allé(e)s au centre commercial/ au cinéma. — *We went to the shopping centre/ cinema.*
J'ai regardé la télé. — *I watched TV.*

C'était comment? / *How was it?*

C'était (vraiment) sympa/super/génial! — *It was (really) nice/super/great!*
J'ai (bien) aimé. — *I liked it.*
J'ai adoré! — *I loved it!*
C'était moche/nul! — *It was horrible/awful!*
Je n'ai pas aimé. — *I didn't like it.*
J'ai détesté! — *I hated it!*

This is a checklist of the things you should aim to learn in French using *Équipe nouvelle 2* Unit 5.
● Use the **Check** boxes and the **Prove it**! column to keep track of what you have learned.
● Tick the first box when you feel you are getting to grips with the learning objective but sometimes need a prompt or time to think. Tick the second box when you think you have fully mastered the learning objective and will be able to use it again in future.
● Make notes following the prompts in the **Prove it**! column to help you show what you have learned. You can get your learning partner or a parent to test you and initial the second box to confirm the progress you have made.

Learning objectives   Check   Prove it!

I can name some French-speaking countries and regions. — ☐ ☐ — *Write down six including* le/la/l'.

I can name some countries and capital cities. — ☐ ☐ — *Name four and get your partner to check.*

I can say which countries I am going to, have been to or have never been to. — ☐ ☐ — *Tell your partner.*

I can say which countries I'd like to go to. — ☐ ☐ — *Tell your partner using* J'aimerais…

I can say what transport I use/don't use to go places. — ☐ ☐ — *Get your partner to test you.*

I can say what I think of different means of transport. — ☐ ☐ — *Give your partner your opinion of bus and plane travel.*

I can say where I went on holiday, when I left, how long I stayed and how I travelled. — ☐ ☐ — *Say you went to Paris on 12 June, stayed three days and travelled by plane.*

I can ask someone what he/she did during the holidays. — ☐ ☐ — *Ask your partner the question.*

I can say what I did during my holidays. — ☐ ☐ — *Say you stayed at home, went to the cinema with friends and went on outings.*

I can ask and say what something was like. — ☐ ☐ — *Tell your partner what your day was like yesterday using* c'était.

I can say whether I liked something or not. — ☐ ☐ — *Say that you loved the plane; then that you liked it, you didn't like it, you hated it.*

I can use the correct preposition with names of countries and transport. — ☐ ☐ — *Complete the following for your partner:* Je vais … Espagne, … Japon, … États-Unis. Je vais … avion, … pied.

I can use the perfect tense with *être*. — ☐ ☐ — *Say in French: I went to the beach. She went to the cinema. He went to France.*

I know how to add more detail to descriptions. — ☐ ☐ — *Say three sentences using:* D'abord …, Après …, parce que …, mais …

I can read texts aloud, remembering the sound–spelling links. — ☐ ☐ — *Read out loud a text on page 72 of the Students' Book.*

I can pronounce words ending in *-ille/-eil/-eille* and *-agne* correctly. — ☐ ☐ — *Read out:* vanille/Antilles, soleil/Marseille, Espagne/montagne.

1 **Complète la grille.**
Write the place names in the grid.

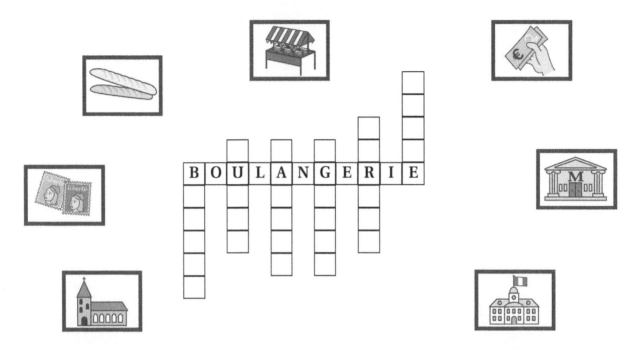

B O U L A N G E R I E

2a **Lis les conversations et regarde le plan. Les instructions sont bonnes?**
Read the conversations and look at the map. Are the instructions correct?
Write the correct ones on page 63 if not.

a
– Pardon, monsieur. Est-ce que le musée est près d'ici?
– Le musée? Oui, le musée est à 200 mètres à gauche, à côté du cinéma.
– Merci, monsieur.

b
– Excusez-moi, madame. La poste, c'est loin?
– Non, la poste, c'est tout près, à 50 mètres à droite, en face du supermarché.
– Merci, madame.

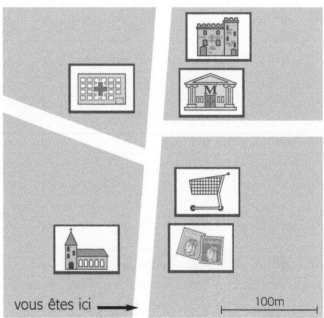

vous êtes ici ➜   100m

2b **Invente des conversations similaires. Joue avec un(e) partenaire ou écris à la page 63.**
Invent similar conversations. Act them out with a partner or write them on page 63.

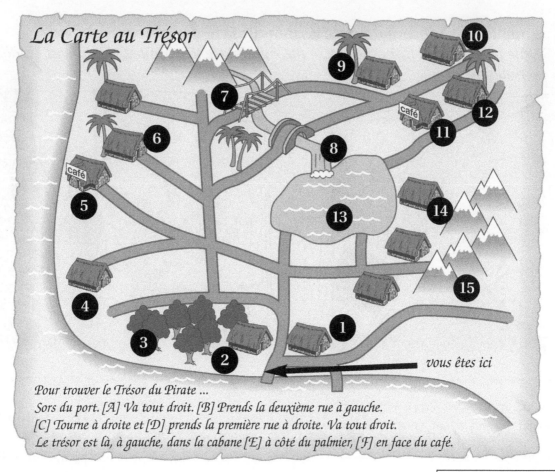

La Carte au Trésor

vous êtes ici

Pour trouver le Trésor du Pirate ...
Sors du port. [A] Va tout droit. [B] Prends la deuxième rue à gauche.
[C] Tourne à droite et [D] prends la première rue à droite. Va tout droit.
Le trésor est là, à gauche, dans la cabane [E] à côté du palmier, [F] en face du café.

> la cabane *hut*
> le palmier *palm tree*

1a Lis les instructions (A–F) et relie aux symboles.
Read the directions (A–F) and match them up to the symbols.

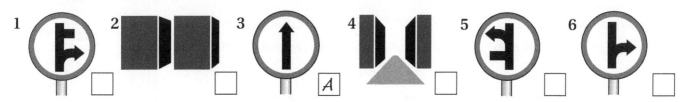

1   2   3   4 |A| 5   6

1b Trouve le trésor! C'est quel numéro?
Find the treasure. Which number is it?

2 À toi de cacher le trésor dans l'île (aux numéros 1–15)!
Écris des instructions pour ton/ta partenaire à la page 63.
*It's your turn to hide the treasure on the island. Choose a number from 1 to 15 and
write instructions for your partner on page 63.*

3 Invente une 'île au trésor'. Écris des instructions pour ton/ta partenaire.
*Make up a map of your own treasure island and write instructions for your
partner to find the treasure.*

1 **Complète le commentaire avec les mots de la boîte.**
Write in the words from the box in the right place to complete the tourist guide's commentary.

Regardez à gauche. Vous voyez le _____ le plus célèbre de Paris. C'est une tour de 320 mètres, avec un restaurant panoramique! C'est la _____ Eiffel.

Maintenant, regardez à _____. Au bout des Champs-Élysées, vous voyez un monument historique! Une arche construite pour fêter les victoires de Napoléon. C'est _____.

Maintenant, _____ sommes à l'ouest de Paris, dans un quartier moderne avec beaucoup de bureaux et de magasins. Regardez cette _____ arche! C'est l'arche de la Défense.

Nous sommes maintenant à Montmartre. En face de vous, il y a une _____ blanche où il y a des messes tous les jours. _____ la basilique du Sacré-Cœur.

Nous sommes toujours à Montmartre. Cette _____ est idéale pour se relaxer: il y a des cafés et des restaurants, bien sûr, mais il y a aussi beaucoup d'_____ qui travaillent. C'est amusant! C'est la place du Tertre.

Bienvenue dans le quartier où la technologie est super et où il y a un grand _____ dans la Géode. C'est la Cité des _____ et de l'Industrie.

monument
cinéma
grande
tour
place
Sciences
nous
église
droite
l'Arc de Triomphe
C'est
artistes

1 Voici les trois derniers jours de Mélanie à Dieppe.
Complète son journal au passé composé.
Ajoute les opinions!
*Read about the last three days of Mélanie's stay
in Dieppe. Fill in her diary in the perfect tense,
then write in her opinions about what she did.*

Attention!

Does the verb take avoir *or* être *in
the perfect tense?*
*To help you make the right choice,
reread the Flashback on page 48.*

😊 = c'était intéressant/sympa

😄 = c'était super

☹ = c'était nul

| aller faire manger nager |
| regarder rentrer rester visiter |

dimanche 19 juillet

Le matin, (**a**) _____J'ai fait_____ une

promenade en mer avec Natacha et Matthieu.

😄 _____C'était super_____!

Le soir (**b**) _____ au cinéma

avec Natacha et Matthieu. C'était un film avec

Schwarzenegger. ☹ _____!

lundi 20 juillet

Ce matin, (**c**) _____ à la piscine

avec Natacha. 😄 _____!

L'eau était chaude!

Après, (**d**) _____ une pizza au

Quick avec Natacha et ses copains, Matthieu,

Arnaud et Juliette. (**e**) _____

parler avec Matthieu pendant une heure.

😊 _____!

mardi 21 juillet

Ce matin, (**f**) _____ le musée avec Natacha. ☹ _____!

L'après-midi, (**g**) _____ un match de foot avec Matthieu.

😊 _____! Le soir, (**h**) _____ très tard à la maison.

Ah, Matthieu!!!!! 😄 _____!

2 Invente les deux premiers jours de Mélanie à Dieppe. Écris son journal à la page 63.
Adapte les modèles.
*Imagine Mélanie's first two days in Dieppe. Write her diary on page 63, adapting the
models above.*

3 Imagine que tu es allé(e) passer une journée à Dieppe. C'était comment?
Raconte à la page 63.
Imagine you went on a day trip to Dieppe. Write what it was like on page 63.

Flashback

perfect tense (to say what happened)		imperfect tense (to say how it was)	
J'ai fait un gâteau.	*I made a cake.*	C'était bon.	*It was nice.*
Je suis allé(e) au cinéma.	*I went to the cinema.*	C'était nul.	*It was rubbish.*
J'ai mis ma robe.	*I put on my dress.*	C'était super!	*It was great!*

1 **Écris les phrases au passé, comme dans l'exemple.**
Write the sentences in the past, following the example of the first sentence.

a Je joue au foot avec mes copains. C'est cool!

Hier, *j'ai joué au foot avec mes copains. C'était cool!*

b Je mange une pizza au restaurant. C'est délicieux!

Hier, _____

c Je fais du shopping aux Halles. C'est sympa!

Hier, _____

d Je vais au Centre Pompidou. C'est super!

Hier, _____

e Je vois la Joconde au musée du Louvre. C'est nul!

Hier, _____

f Je monte en haut de la tour Eiffel. C'est génial!

Hier, _____

2 **Réponds aux questions et ajoute une opinion.**
Answer the questions and add an opinion.

a Qu'est-ce que tu as regardé à la télévision hier soir?

J'ai regardé EastEnders. C'était super!

b Qu'est-ce que tu as mangé hier à midi?

_____

c Qu'est-ce que tu as fait pour ton anniversaire?

_____

d Tu es allé(e) où pendant les dernières vacances?

_____

1a **Coche la bonne légende.**
Tick the right caption for each picture.

a ☐ Je vais prendre beaucoup de photos.
☐ J'ai pris beaucoup de photos.

_____

b ☐ J'ai acheté des souvenirs et des cadeaux pour ma famille.
☐ J'ai visité des monuments historiques.

_____

c ☐ L'office de tourisme est en face de l'église, à côté de la pharmacie.
☐ L'office de tourisme est en face de la pharmacie, à côté de l'église.

_____

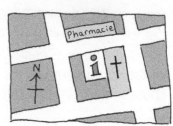

1b **Traduis les légendes en anglais.**
Translate the captions you chose into English. Write on the lines provided.

2 **Arrange les mots pour écrire des phrases.**
Rearrange the words and write the sentences.
Exemple mon suis allé Bretagne correspondant je chez en

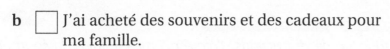
Je suis allé chez mon correspondant en Bretagne.

a plage avec aujourd'hui je la mon vais à frère

_____

b souvenirs et demain je des cartes vais de postales acheter beaucoup

_____

c Max et sa son est vacances chez oncle parti en tante

_____

d Anne poster poupée et a petite un acheté une grand

_____

LES VACANCES: VOS OPINIONS

SIHEME, 13 ANS

J'aime passer mes vacances au bord de la mer parce que la plage est super et j'adore nager! L'année dernière, je suis allée avec ma famille au Lavandou, dans le sud de la France. On a fait du camping. C'était génial. Toute la famille a bien aimé. Cette année, on va rester à la maison. Je vais retrouver des amis et m'amuser au club des jeunes.

JÉRÔME, 14 ANS

Les vacances pour moi, c'est beaucoup de distractions. J'aime m'amuser, faire du sport et me faire des amis. En août, je vais aller chez ma tante à Paris. Je vais visiter tous les monuments et je vais acheter beaucoup de souvenirs. En février, je suis allé à la campagne avec mon père. C'était nul parce qu'il n'y avait rien* à faire.

PAULINE, 12 ANS

Cet été, je suis allée en Angleterre. On y est allés en voiture. On a fait des pique-niques parce qu'il a fait beau. C'était sympa. L'année prochaine, je vais partir en Italie avec mon collège. On va visiter Rome pour voir les monuments historiques. Pour les vacances, je préfère partir et voir des choses intéressantes. Je prends toujours des tas* de photos quand je suis en vacances.

1 **Lis les phrases. Qui …?**
Read the sentences. Who …?

ne … rien *nothing*	
des tas *masses*	

    a _____ préfère les vacances actives.
    b _____ a dormi sous une tente.
    c _____ est allé à l'étranger*.   *à l'étranger *abroad*

2 **Prends des notes en anglais. (Pour t'aider, souligne tous les verbes au passé et encercle tous les verbes au futur.)**
*Make notes in English on the chart below.(To help you, underline all the past tense verbs in the article and circle all the future verbs, using **aller** + infinitive.)*

	Past holidays	*Future holidays*	*Type of holiday preferred*
Siheme			
Jérôme			
Pauline			

3 **Donne ton opinion des vacances pour l'article à la page 63.**
Write your opinion on holidays for the article (50–60 words on page 63).

En ville / Around town

un château	a castle
un hôpital	a hospital
un marché	a market
un musée	a museum
un office de tourisme	a tourist office
un supermarché	a supermarket
un zoo	a zoo
une banque	a bank
une boulangerie	a baker's
une église	a church
une mairie	a town hall
une pharmacie	a chemist
une plage	a beach
une poste	a post office

Demander le chemin / Asking the way

Est-ce qu'il y a une pharmacie près d'ici?	Is there a chemist near here?
Oui, il y a une pharmacie.	Yes, there's a chemist.
Non, il n'y a pas de pharmacie.	No, there isn't a chemist.
C'est loin?	Is it far?
Non, c'est près du parc/ de la poste/ de l'hôpital.	No, it's near the park/ the post office/ the hospital.
Oui, c'est à deux kilomètres.	Yes, it's two kilometres away.
C'est où, le port?	Where is the port?
Tourne(z) à gauche/ droite.	Turn left/right.
Va/Allez tout droit.	Go straight ahead.
Prends/Prenez la première/deuxième/ troisième rue à droite.	Take the first/second/ third road on the right.
C'est en face du/de la/ de l'/des …	It's opposite the …
C'est à côté du/de la/ de l'/des …	It's next to the …
C'est près du/de la/ de l'/des …	It's near the …
Aux feux, …	At the traffic lights, …
Au carrefour, … allez tout droit.	At the crossroads, … go straight ahead.

Paris

le Centre Pompidou

la Cité des Sciences et de l'Industrie

la tour Eiffel

le Musée du Louvre

le bateau-mouche

la Cathédrale de Notre-Dame

la Basilique du Sacré-Cœur

la Place du Tertre, Montmartre

l'Arc de Triomphe

l'Arche de la Défense

Les souvenirs / Souvenirs

Pour ma mère/mon père, j'ai acheté …	For my mum/my dad, I bought …
Pour ta mère/ton père, tu as acheté …	For your mum/your dad, you bought …
Pour sa mère/son père, il/elle a acheté …	For his/her mum/dad, he/she bought …
un crayon	a pencil
un foulard	a scarf
un porte-clés	a key-ring
un poster	a poster
un tee-shirt	a T-shirt
du parfum	some perfume
une cravate	a tie
une poupée	a doll
une tasse	a mug
des cartes postales	some postcards
des bonbons	some sweets

This is a checklist of the things you should aim to learn in French using *Équipe nouvelle 2* Unit 6.
- Use the **Check** boxes and the **Prove it!** column to keep track of what you have learned.
- Tick the first box when you feel you are getting to grips with the learning objective but sometimes need a prompt or time to think. Tick the second box when you think you have fully mastered the learning objective and will be able to use it again in future.
- Make notes following the prompts in the **Prove it!** column to help you show what you have learned. You can get your learning partner or a parent to test you and initial the second box to confirm the progress you have made.

Learning objectives	Check	Prove it!
I can find out what's available in a town.	☐ ☐	*Ask if there is a chemist/bank/baker's nearby.*
I can say what's available in a town.	☐ ☐	*Name five places in your town.*
I can ask for directions and understand and give directions.	☐ ☐	*Use the map on page 82 of the Students' Book and practise short conversations with a partner asking for and giving directions.*
I can say what I am going to see and do during a visit to Paris.	☐ ☐	*Name five things you will do in Paris, using* je vais + *infinitive.*
I can write about a visit to France.	☐ ☐	*Write a short postcard about a visit to Paris.*
I can say how it was.	☐ ☐	*How many different adjectives can you think of to use after c'était…?*
I can say what souvenirs/presents I bought.	☐ ☐	*Tell your partner about three souvenirs you have bought.*
I can understand a publicity brochure.	☐ ☐	*Check you understand the information about Dieppe on page 81 of the Students' Book.*
I can understand some information on the main tourist attractions in Paris.	☐ ☐	*Re-read the information about the Eiffel Tower on page 85 of the Students' Book and tell your partner five key facts.*
I can improve my dictionary skills.	☐ ☐	*I know the importance of knowing whether I am checking a noun, adjective or verb in a dictionary.*
I can improve my written work.	☐ ☐	*I have drafted and re-drafted my written work to improve it, for example in the* Guide pratique *on page 87 of the Students' Book.*
I can pronounce the 'r' sound in French.	☐ ☐	*Say these words:* la tour Eiffel, Notre-Dame, le Sacré-Cœur
I can use the imperative.	☐ ☐	*I know when to use* prends/prenez, tourne/tournez, *etc. Tell your partner to turn left and take the second road on the right.*
I can understand the difference between *c'est* and *c'était*.	☐ ☐	*Complete these phrases:* Je suis allé(e) au parc avec Marc. _____ super! Je vais au centre sportif avec Asif. _____ super!

Équipe nouvelle 2 is the second stage of a revised edition of the acclaimed and popular course. Designed to provide a clear, fully-supported and flexible approach to teaching the Modern Languages Framework, this new edition should appeal to all learners.

Équipe nouvelle 2 En plus Workbook complements the Students' Book, providing additional support and language practice. It is ideal for homework and independent classroom study.

This Workbook provides:

- extra practice material for the key language and Framework objectives launched in each unit
- pages to consolidate key grammar points
- a vocabulary list for each unit
- unit checklists, for pupils to record their own progress.

Students' Book 2
Encore 2 Workbook
En plus 2 Workbook
Teacher's Book 2
Copymaster Book 2
Set of CDs 2
Set of cassettes 2
Flashcards (Parts 1–2)
OHTs File 2
Intégrale 2 (Students' Edition)
Intégrale 2 (Teacher's Edition)

OXFORD
UNIVERSITY PRESS

www.OxfordSecondary.co.uk

Orders and enquiries to Customer Services:
tel. 01536 452620   fax 01865 313472
schools.enquiries.uk@oup.com

ISBN 978-0-19-912456-5

9 780199 124565